LIBRO DE RECETAS DE LA MÁQUINA PARA HACER PAN

El libro de Cocina Paso a Paso con Recetas a Prueba de Tontos y Saludables para Hacer Pan Sabroso en Casa

Rodrigo Perez, Michelle Crocker

ISBN 978-1-914144-81-3

Tabla de contenido

Introducción

Hacer pan es una actividad casi imprescindible; con un amasado muy físico, un control cuidadoso del aumento de la masa y la profunda satisfacción de servir pan bien caliente a tu familia. También es increíble que unos pocos ingredientes simples puedan producir un alimento con un acabado tan maravillosamente complejo. El pan es una delicia y puede parecer magia culinaria. Sin embargo, hacer pan es una habilidad que incluso muchos chefs profesionales no dominan porque se necesita tiempo (y bíceps bien desarrollados) para crear panes para servir y ofrecer a los clientes. En la mayoría de los casos, debes comenzar a las 3:00 am para permitir que se completen todos los pasos para hacer el pan, y muchas personas no tienen este tipo de compromiso o paciencia.

El pan es un alimento básico de todos los días. Un alimento que compramos regularmente; comprar pan comprado en la tienda es, sin duda, conveniente. Sin embargo, el pan comprado en la tienda está lleno de aditivos químicos, azúcares adicionales y sales para garantizar una vida útil más prolongada. Para medir cuánto vale la pena hornear tu propio pan, hazte un favor; Mira la etiqueta en la parte posterior del pan comprado en la tienda y compáralo con la lista de ingredientes necesarios para hacer el tuyo. Notarás el marcado contraste de ingredientes. Comprado en la tienda incluye emulsionantes y agentes, pero una receta básica de pan se compone de muy pocos ingredientes asequibles, ninguno de los cuales incluye palabras que incluso me cuesta pronunciar. Y cuando mires el panorama general, verás que es mejor hornear tu propio pan, especialmente con una herramienta bastante conveniente y útil, como una máquina de pan.

Hay muchas ventajas en hacer pan en casa, incluido el hecho de que es mucho más sabroso que el pan estándar producido en masa. Puedes alterar los ingredientes, lo que significa que tienes más control sobre el contenido de azúcar, fibra, proteínas y sal. También puedes ser creativo agregando nueces y frutas secas. Comprar tus propios ingredientes significa que puedes administrar todo lo que entra en la máquina y te brinda la oportunidad de buscar los ingredientes más frescos.

El pan horneado en casa siempre contiene más nutrientes, y para aquellos que tienen alergias, hornear su propio pan puede ayudarlo a administrar lo que se incluye en lugar de confiar en lo que promete un pan comprado en la tienda en términos de que no contiene nueces, lácteos o sin gluten.

Fuera de las cocinas profesionales, la mayoría de las personas en el mundo acelerado de hoy no tienen tiempo para hacer pan casero, especialmente cuando se pueden comprar muchos tipos diferentes de pan en casi todas las tiendas. Sin embargo, los panes hechos comercialmente son versiones pálidas e insignificantes del rico y delicioso pan que puedes crear tú mismo con una práctica máquina de hacer pan. Incluso alguien con el horario más agitado del mundo tiene 5 minutos para cargar una máquina de pan y programar un temporizador para producir pan caliente y fragante que está listo para comer al final del día. Cortar la primera rebanada de un pan nuevo, por lo general, mientras está caliente, nunca pierde su magia, y el primer bocado siempre es sublime.

Este libro te dará una comprensión simple de cómo se combinan los ingredientes para producir pan y qué factores pueden crear resultados menos que perfectos. Se te presentará una colección de recetas que se pueden utilizar, en su mayor parte, en máquinas de pan de 1 libra, 1½ libra y 2 libras. Estas recetas pueden servir como base para nuevas experiencias de pan y permitirte experimentar toda la diversión de servir pan casero a amigos y familiares.

Capítulo 1: Panes para el desayuno

1. Pan blanco básico

Tiempo de preparación: 5 minutos

Tiempo de cocción: 3 horas

Porciones: 16 rebanadas

Ingredientes:

- 1 taza de agua tibia (aproximadamente 110°F/45°C)
- 2 cucharadas de azúcar
- 2¼ cucharaditas (paquete de .25 onzas) de levadura para máquina de pan
- ¼ taza de aceite de salvado de arroz
- 3 tazas de harina de trigo para pan

- 1 cucharadita de sal

Preparación:

1. Agrega cada ingrediente a la máquina de pan en el orden y a la temperatura recomendada por el fabricante.

2. Cierra la tapa; selecciona la opción de pan básico o blanco, corteza baja en tu máquina de pan y presiona iniciar.

3. Cuando la máquina de pan haya terminado de hornear, retira el pan y colócalo en una rejilla para enfriar.

Nutrición:

- Carbohidratos: 18 g
- Grasas: 1 g
- Proteínas: 3 g
- Calorías: 95

2. Pan blanco extra mantecoso

Tiempo de preparación: 10 minutos

Tiempo de cocción: 3 horas 10 minutos

Porciones: 16 rebanadas

Ingredientes:

- 1 1/8 tazas de leche
- 4 cucharadas de mantequilla sin sal
- 3 tazas de harina de trigo para pan
- 1½ cucharada de azúcar blanca granulada
- 1½ cucharaditas de sal
- 1½ cucharaditas de levadura para máquina de pan

Preparación:

1. Suaviza la mantequilla en tu microondas.
2. Agrega cada ingrediente a la máquina de pan en el orden y a la temperatura recomendada por el fabricante.
3. Cierra la tapa; selecciona la opción básica o pan blanco, corteza media en tu máquina de hacer pan y presione iniciar.
4. Cuando la máquina de pan haya terminado de hornear, retira el pan y colócalo en una rejilla para enfriar.

Nutrición:

- Carbohidratos: 22 g
- Grasas: 1 g
- Proteínas: 4 g
- Calorías: 104

3. Pan blanco de mamà

Tiempo de preparación: 5 minutos

Tiempo de cocción: 3 horas

Porciones: 16 rebanadas

Ingredientes:

- 1 taza y 3 cucharadas de agua
- 2 cucharadas de aceite vegetal
- 1½ cucharaditas de sal
- 2 cucharadas de azúcar
- 3¼ tazas de harina de trigo para pan

- 2 cucharaditas de levadura seca activa

Preparación:

1. Agrega cada ingrediente a la máquina de pan en el orden y a la temperatura recomendada por el fabricante.

2. Cierra la tapa; selecciona la opción básica o pan blanco, corteza media en tu máquina de hacer pan y presiona iniciar.

3. Cuando la máquina de pan haya terminado de hornear, retira el pan y colócalo en una rejilla para enfriar.

Nutrición:

- Carbohidratos: 1 g

- Grasas: 3 g

- Proteínas: 90 g

- Calorías: 74

4. Pan blanco vegano

Tiempo de preparación: 5 minutos

Tiempo de cocción: 3 horas

Porciones: 14 rebanadas

Ingredientes:

- 1 1/3 tazas de agua
- 1/3 taza de leche vegetal (yo uso Silk Soy Original)
- 1½ cucharaditas de sal
- 2 cucharadas de azúcar granulada
- 2 cucharadas de aceite vegetal
- 3½ tazas de harina de trigo para todo uso

- 1¾ cucharaditas de levadura para máquina de pan

Preparación:

1. Agrega cada ingrediente a la máquina de pan en el orden y a la temperatura recomendada por el fabricante.
2. Cierra la tapa; selecciona la opción básica o pan blanco, corteza media en tu máquina de hacer pan y presiona iniciar.
3. Cuando la máquina de pan haya terminado de hornear, retira el pan y colócalo en una rejilla para enfriar.

Nutrición:

- Carbohidratos: 13 g
- Grasas: 2 g
- Proteínas: 3 g
- Calorías: 80

5. Pan de arroz con harina de arroz

Tiempo de preparación: 10 minutos

Tiempo de cocción: 3 horas 15 minutos

Porciones: 16 rebanadas

Ingredientes:

- 3 huevos
- 1½ tazas de agua
- 3 cucharadas de aceite vegetal
- 1 cucharadita de vinagre de sidra de manzana
- 2¼ cucharaditas de levadura seca activa
- 3¼ tazas de harina de arroz blanco

- 2½ cucharaditas de goma xantana
- 1½ cucharaditas de sal
- ½ taza de leche en polvo
- 3 cucharadas de azúcar blanca

Preparación:

1. En un tazón mediano, agrega el aceite, el agua, los huevos y el vinagre.
2. En un plato grande, agrega la levadura, la sal, la goma xantana, la leche en polvo, la harina de arroz y el azúcar. Mezcla con un batidor hasta incorporar.
3. Agrega cada ingrediente a la máquina de pan en el orden y a la temperatura recomendada por el fabricante.
4. Cierre la tapa; selecciona la opción de corteza media de trigo integral en tu máquina de pan y presiona iniciar.
5. Cuando la máquina de pan haya terminado de hornear, retira el pan y colócalo en una rejilla para enfriar.

Nutrición:

- Carbohidratos: 24 g
- Grasas: 1 g

- Proteínas: 2 g
- Calorías: 95

6. Pan blanco italiano

Tiempo de preparación: 5 minutos

Tiempo de cocción: 3 horas

Porciones: 14 rebanadas

Ingredientes:

- ¾ taza de agua fría
- 2 tazas de harina de trigo para pan
- 1 cucharada de azúcar
- 1 cucharadita de sal
- 1 cucharada de aceite de oliva
- 1 cucharadita de levadura seca activa

Preparación:

1. Agrega cada ingrediente a la máquina de pan en el orden y a la temperatura recomendada por el fabricante.
2. Cierra la tapa; selecciona la opción de pan italiano o básico, corteza baja en tu máquina de pan y presiona iniciar.
3. Cuando la máquina de pan haya terminado de hornear, retira el pan y colócalo en una rejilla para enfriar.

Nutrición:

- Carbohidratos: 11 g
- Grasas: 1 g
- Proteínas: 2 g
- Calorías: 78

7. Pan blanco de Anadama

Tiempo de preparación: 5 minutos

Tiempo de cocción: 3 horas

Porciones: 14 rebanadas

Ingredientes:

- 1 1/8 tazas de agua (110°F/43°C)
- 1/3 taza de melaza
- 1½ cucharadas de mantequilla a temperatura ambiente
- 1 cucharadita de sal
- 1/3 taza de harina de maíz amarilla

- 3½ tazas de harina de trigo para pan
- 2½ cucharaditas de levadura para máquina de pan

Preparación:

1. Agrega cada ingrediente a la máquina de pan en el orden y a la temperatura recomendada por el fabricante.
2. Cierra la tapa; seleccione la opción de pan básico, corteza baja en tu máquina de pan y presiona iniciar.
3. Cuando la máquina de pan haya terminado de hornear, retira el pan y colócalo en una rejilla para enfriar.

Nutrición:

- Carbohidratos: 19 g
- Grasas: 1 g
- Proteína: 2 g
- Calorías: 76

8. Pan blanco suave

Tiempo de preparación: 5 minutos

Tiempo de cocción: 3 horas

Porciones: 14 rebanadas

Ingredientes:

- 2 tazas de agua
- 4 cucharaditas de levadura
- 6 cucharadas de azúcar
- ½ taza de aceite vegetal
- 2 cucharaditas de sal
- 3 tazas de harina de trigo blanca fuerte

Preparación:

1. Agrega cada ingrediente a la máquina de pan en el orden y a la temperatura recomendada por el fabricante.
2. Cierra la tapa; selecciona la opción de pan básico, corteza baja en tu máquina de pan y presiona iniciar.
3. Cuando la máquina de pan haya terminado de hornear, retira el pan y colócalo en una rejilla para enfriar.

Nutrición:

- Carbohidratos: 18 g
- Grasas: 1 g
- Proteínas: 4 g
- Calorías: 74

9. Pan de muffin inglés

Tiempo de preparación: 5 minutos

Tiempo de cocción: 3 horas 40 minutos

Porciones: 14 rebanadas

Ingredientes:

- 1 cucharadita de vinagre
- 1/4 a 1/3 taza de agua
- 1 taza de leche tibia
- 2 cucharadas de mantequilla o 2 cucharadas de aceite vegetal
- 1½ cucharaditas de sal

- 1½ cucharaditas de azúcar
- ½ cucharadita de levadura en polvo
- 3½ tazas de harina de trigo para todo uso sin blanquear
- 2 1/4 cucharaditas de levadura instantánea

Preparación:

1. Agrega cada ingrediente a la máquina de pan en el orden y a la temperatura recomendada por el fabricante.
2. Cierra la tapa; selecciona la opción de pan básico, corteza baja en tu máquina de pan y presiona iniciar.
3. Cuando la máquina de pan haya terminado de hornear, retira el pan y colócalo en una rejilla para enfriar.

Nutrición:

- Carbohidratos: 13 g
- Grasas: 1 g
- Proteínas: 2 g
- Calorías: 62

10. Pan de desayuno de arándanos y naranja

Tiempo de preparación: 5 minutos

Tiempo de cocción: 3 horas 10 minutos

Porciones: 14 rebanadas

Ingredientes:

- 1 1/8 tazas de jugo de naranja
- 2 cucharadas de aceite vegetal
- 2 cucharadas de miel
- 3 tazas de harina de trigo para pan
- 1 cucharada de leche en polvo
- ½ cucharadita de canela molida

- ½ cucharadita de pimienta dulce molida
- 1 cucharadita de sal
- 1 paquete (.25 onzas) de levadura seca activa
- 1 cucharada de ralladura de naranja
- 1 taza de arándanos secos endulzados
- 1/3 taza de nueces picadas

Preparación:

1. Agrega cada ingrediente a la máquina de pan en el orden y a la temperatura recomendada por el fabricante.
2. Cierra la tapa; seleccione la opción de pan básico, corteza baja en tu máquina de pan y presiona iniciar.
3. Agrega los arándanos y las nueces picadas de 5 a 10 minutos antes de que finalice el último ciclo de amasado.
4. Cuando la máquina de pan haya terminado de hornear, retira el pan y colócalo en una rejilla para enfriar.

Nutrición:

- Carbohidratos: 29 g
- Grasas: 2 g

- Proteínas: 9 g
- Calorías: 56

11. Pan de miel con suero de leche

Tiempo de preparación: 5 minutos

Tiempo de cocción: 3 horas 45 minutos

Porciones: 14 rebanadas

Ingredientes:

- ½ taza de agua
- ¾ taza de suero de leche
- ¼ de taza de miel
- 3 cucharadas de mantequilla, ablandada y cortada en trozos
- 3 tazas de harina de trigo para pan

- 1½ cucharaditas de sal
- 2¼ cucharaditas de levadura (o 1 paquete)

Preparación:

1. Agrega cada ingrediente a la máquina de pan en el orden y a la temperatura recomendada por el fabricante.
2. Cierra la tapa; seleccione la opción de pan básico, corteza media en tu máquina de pan y presiona iniciar.
3. Cuando la máquina de pan haya terminado de hornear, retira el pan y colócalo en una rejilla para enfriar.

Nutrición:

- Carbohidratos: 19 g
- Grasas: 1 g
- Proteínas: 2 g
- Calorías: 92

12. Pan de desayuno integral

Tiempo de preparación: 5 minutos

Tiempo de cocción: 3 horas 45 minutos

Porciones: 14 rebanadas

Ingredientes:

- 3 tazas de harina de trigo integral blanca
- ½ cucharadita de sal
- 1 taza de agua
- ½ taza de aceite de coco licuado
- 4 cucharadas de miel
- 2½ cucharaditas de levadura seca activa

Preparación:

1. Agrega cada ingrediente a la máquina de pan en el orden y a la temperatura recomendada por el fabricante.

2. Cierra la tapa; selecciona la opción de pan básico, corteza media en tu máquina de pan y presiona iniciar.

3. Cuando la máquina de pan haya terminado de hornearse, retira el pan y colócalo en una rejilla para enfriar.

Nutrición:

- Carbohidratos: 11 g
- Grasas: 3 g
- Proteínas: 1 g
- Calorías: 60

13. Pan de canela y pasas

Tiempo de preparación: 5 minutos

Tiempo de cocción: 3 horas

Porciones: 4

Ingredientes:

- 1 taza de agua
- 2 cucharadas de mantequilla ablandada
- 3 tazas de harina de trigo Medalla de Oro Mejor para pan
- 3 cucharadas de azúcar
- 1½ cucharadita de sal

- 1 cucharadita de canela en polvo
- 2½ cucharaditas de levadura para máquina de pan
- ¾ taza de pasas

Preparación:

1. Agrega cada ingrediente excepto las pasas a la máquina de pan en el orden y a la temperatura recomendada por el fabricante.
2. Cierra la tapa; selecciona la opción de pan dulce o básico, corteza media en tu máquina de pan y presiona iniciar.
3. Agrega las pasas 10 minutos antes de que finalice el último ciclo de amasado.
4. Cuando la máquina de pan haya terminado de hornear, retira el pan y colócalo en una rejilla para enfriar.

Nutrición:

- Carbohidratos: 38 g
- Grasas: 2 g
- Proteínas: 4 g
- Calorías: 180

14. Rollos de pan con mantequilla

Tiempo de preparación: 50 minutos

Tiempo de cocción: 45 minutos

Porciones: 24 rollos

Ingredientes:

- 1 taza de leche tibia
- ½ taza de mantequilla o ½ taza de margarina, ablandada
- ¼ taza de azúcar.
- 2 huevos
- 1 ½ cucharaditas de sal
- 4 tazas de harina de trigo

- 2 1⁄4 cucharaditas de levadura seca activa

Preparación:

1. Selecciona la configuración de la masa.
2. Cuando se complete el ciclo, voltea la masa sobre una superficie ligeramente enharinada.
3. Divide la masa en 24 porciones.
4. Formas bolas con la masa.
5. Coloca en una bandeja para hornear engrasado de 13x9 pulgadas.
6. Cubre y deja reposar en un lugar cálido durante 30—45 minutos.
7. Hornea a 350°C durante 13—16 minutos o hasta que estén doradas.

Nutrición:

- Carbohidratos: 38 g
- Grasas: 2 g
- Proteínas: 4 g
- Calorías: 180

15. Pan de arándanos y pasas doradas

Tiempo de preparación: 5 minutos

Tiempo de cocción: 3 horas

Porciones: 14 rebanadas

Ingredientes:

- 1 1/3 tazas de agua
- 4 cucharadas de mantequilla en rodajas
- 3 tazas de harina de trigo
- 1 taza de avena a la antigua
- 1/3 taza de azúcar morena
- 1 cucharadita de sal

- 4 cucharadas de arándanos secos
- 4 cucharadas de pasas doradas
- 2 cucharaditas de levadura para máquina de pan

Preparación:

1. Agrega cada ingrediente, excepto los arándanos y las pasas doradas, a la máquina de pan, uno por uno, de acuerdo con las instrucciones del fabricante.
2. Cierra la tapa; selecciona la opción de pan dulce o básico, corteza media en tu máquina de pan y presiona iniciar.
3. Agrega los arándanos y las pasas doradas de 5 a 10 minutos antes de que finalice el último ciclo de amasado.
4. Cuando la máquina de pan haya terminado de hornear, retira el pan y colócalo en una rejilla para enfriar.

Nutrición:

- Carbohidratos: 33 g
- Grasas: 3 g
- Proteínas: 4 g
- Calorías: 175

Capítulo 2: Panes de estilo italiano

16. Pan blanco de estilo campestral

Tiempo de preparación: 15 minutos

Tiempo de cocción: 2 horas y 5 minutos

Porciones: 12 rebanadas

Ingredientes:

Para 1 libra de pan:

- 1 ½ taza de agua tibia
- 1 ½ cucharadas de aceite de oliva extra virgen
- 1 taza de harina de trigo para pan común
- 2 ½ tazas de harina de trigo blanca todo uso
- ¼ cucharadita de bicarbonato de sodio
- 1 ½ cucharadita de azúcar
- 1 pizca de sal
- 2 ½ cucharaditas de levadura de máquina de pan

Para 1 ½ libra de pan:

- 2 ¼ tazas de agua tibia
- 2 cucharadas de aceite de oliva extra virgen
- 1 ½ tazas de harina de trigo para pan común
- 3 ¾ tazas de harina de trigo blanca todo uso
- ½ cucharadita de bicarbonato de sodio.
- 2 ½ cucharaditas de azúcar
- ½ cucharadita de sal
- 3 cucharaditas de levadura de máquina de pan.

Para 2 libras de pan:

- 3 tazas de agua tibia
- 3 cucharadas de aceite de oliva extra virgen
- 2 tazas de harina de trigo para pan común
- 5 tazas de harina de trigo blanca todo uso
- ½ cucharadita de bicarbonato de sodio.
- 3 cucharaditas de azúcar
- ½ cucharadita de sal
- 5 cucharaditas de levadura de máquina de pan.

Preparación:

1. Agrega los ingredientes a la máquina de pan según el orden de los ingredientes enumerados anteriormente o sigue el manual de instrucciones de tu máquina de pan.

2. Selecciona el fraguado rápido y la función de corteza media.

3. Cuando esté listo, coloca el pan en una rejilla para secar y déjalo enfriar, luego sirve.

Consejos:

1. Hice este pan usando el ciclo rápido en mi máquina de pan. Alternativamente, puedes hacer esta receta usando la configuración regular, agregando solo dos cucharaditas de levadura en su lugar.

2. Revisa tu máquina de pan al amasar. Si la masa parece húmeda, agrega algunas cucharaditas de harina. Si la masa está demasiado espesa, agrega unas cucharaditas de agua.

Nutrición:

- Calorías: 122
- Grasa total: 5 g
- Grasa saturada: 1 g
- Colesterol: 0 mg
- Carbohidratos totales: 17 g
- Fibra dietética: 2 g
- Sodio: 394 mg
- Proteína: 2 g

17. Pan blanco con miel y leche

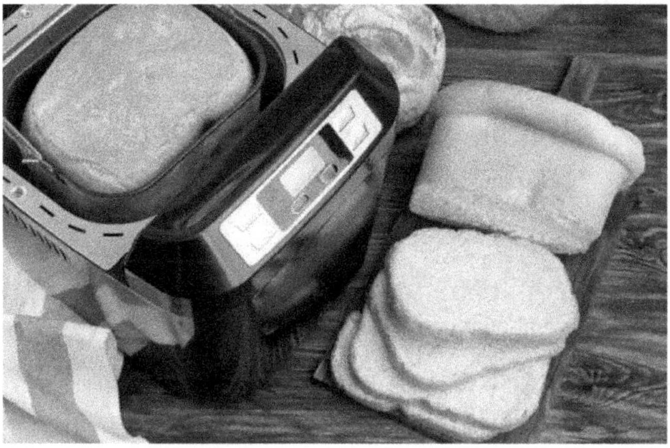

Tiempo de preparación: 10 minutos

Tiempo de cocción: 3 horas

Porciones: 10 rebanadas

Ingredientes:

Para 1 libra de pan:

- 1/2 taza de leche tibia
- 3/4 cucharadas mantequilla sin sal
- 3/4 cucharadas de miel
- 1 1/2 tazas harina de trigo blanca para todo uso
- 1 pizca de sal
- 2/4 cucharadita de levadura de máquina de pan

Para 1 ½ libra de pan:

- 1 taza de leche tibia

- 1 1/4 cucharadas de mantequilla sin sal
- 1 1/4 cucharadas de miel
- 2 1/4 tazas de harina de trigo blanca para todo uso
- 1 pizca de sal
- 1 1/4 cucharaditas de levadura de máquina de pan

Para 2 libras de pan:

- 1 1/4 tazas de leche tibia
- 1 1/2 cucharadas de mantequilla sin sal
- 1 1/2 cucharadas de miel
- 3 tazas de harina de trigo blanca para todo uso
- 1 pizca de sal
- 1 1/2 cucharaditas de levadura de máquina de pan

Preparación:

1. Agrega los ingredientes a la máquina de pan según el orden de los ingredientes enumerados anteriormente o sigue el manual de instrucciones de tu máquina de pan.

2. Selecciona la función de pan blanco y la función de corteza ligera.

3. Cuando esté listo, coloca el pan en una rejilla para secar y déjalo enfriar, luego sirve.

Consejos:

1. Te invitamos a agregar otra 1 ½ cucharada de miel para endulzar aún más el pan según tu gusto.

Nutrición:

- Calorías: 102.5
- Grasa total: 1,9 g
- Grasa saturada: 0,7 g
- Colesterol: 2,4 mg
- Carbohidratos totales: 18,3 g
- Fibra dietética: 0,7 g
- Sodio: 202,8 mg
- Proteínas: 2,9 g

18.Pan de mantequilla

Tiempo de preparación: 10 minutos

Tiempo de cocción: 3 horas y 35 minutos

Porciones: 12 rebanadas

Ingredientes:

Para 1 libra de pan:

- 1 huevo
- 1 1/4 taza leche entera tibia
- 1/2 taza de mantequilla sin sal cortada en cubitos
- 2 tazas de harina de trigo para pan común
- 1 pizca de sal
- 1 pizca de azúcar
- 2 cucharaditas de levadura seca instantánea

Para 1 ½ libra de pan:

- 1 ½ huevos
- 1 3/4 taza de leche entera tibia
- 3/4 taza de mantequilla sin sal cortada en cubitos
- 3 1/4 taza de harina de trigo para pan común
- 1 1/2 pellizcos de sal
- 1 1/2 pellizcos de azúcar
- 3 cucharaditas de levadura seca instantánea

Para 2 libras de pan:

- 2 huevos
- 2 1/2 tazas de leche entera tibia
- 1 1/8 taza de mantequilla sin sal cortada en cubitos
- 4 1/3 taza de harina de trigo para pan común
- 2 pellizcos de sal
- 2 pellizcos de azúcar
- 4 cucharaditas de levadura seca instantánea

Preparación:

1. Agrega los ingredientes a la máquina de pan según el orden de los ingredientes enumerados anteriormente o sigue el manual de instrucciones de tu máquina de pan.

2. Selecciona la opción de pan francés y la función de corteza media.

3. Cuando esté listo, coloca el pan en una rejilla para secar y déjalo enfriar, luego sirve.

Consejos:

1. Si tu máquina de hacer pan no tiene la opción de pan francés, selecciona la función de pan blanco.

Nutrición:

- Calorías: 262.2
- Grasa total: 13,5 g
- Grasa saturada: 8,2 g
- Colesterol: 58,6 mg
- Carbohidratos totales: 29,8 g
- Fibra dietética: 1,3 g
- Sodio: 45,3 mg
- Proteínas: 5,9 g

19.50/50 pan

Tiempo de preparación: 10 minutos

Tiempo de cocción: 3 horas y 45 minutos

Porciones: 10 rebanadas

Ingredientes:

Para 1 libra de pan:

- 1/2 taza de agua tibia
- 1/2 cucharada de miel
- 1 cucharada de mantequilla sin sal cortada en cubitos
- 3/4 taza de harina de trigo para pan común
- 3/4 taza de harina de trigo integral
- 3/4 cucharada de azúcar morena
- 3/4 cucharada de leche en polvo
- 3/4 cucharadita de sal
- 1/2 cucharadita de levadura seca instantánea

Para 1 ½ libra de pan:

- 3/4 taza de agua tibia
- 3/4 cucharada de miel
- 1 ½ cucharadas de mantequilla sin sal cortada en cubitos
- 1 1/8 tazas de harina de trigo para pan común
- 1 1/8 tazas de harina de trigo integral
- 1 1/8 cucharadas de azúcar morena
- 1 1/8 cucharada de leche en polvo
- 1 1/8 cucharaditas de sal
- 3/4 cucharadita de levadura seca instantánea

Para 2 libras de pan:

- 1 taza de agua tibia
- 1 cucharada de miel
- 2 cucharadas de mantequilla sin sal cortada en cubitos
- 1 1/2 tazas de harina de trigo para pan común
- 1 1/2 tazas de harina de trigo integral
- 1 1/2 cucharadas de azúcar morena
- 1 1/2 cucharadas de leche en polvo
- 1 1/3 cucharaditas de sal
- 1 cucharadita de levadura seca instantánea

Preparación:

1. Agrega los ingredientes a la máquina de pan según el orden de los ingredientes enumerados anteriormente o sigue el manual de instrucciones de tu máquina de pan.

2. Selecciona la opción de trigo integral y la función de corteza media.
3. Cuando esté listo, coloca el pan en una rejilla para secar y déjalo enfriar, luego sirve.

Consejos:

1. Para una corteza menos tostada, elija la función de luz en tu máquina de pan.
2. Espolvorea algunas semillas de sésamo encima para darle más sabor.

Nutrición:

- Calorías: 106
- Grasa total: 2 g
- Grasa saturada: 1 g
- Colesterol: 4 mg
- Carbohidratos totales: 19 g
- Fibra dietética: 2 g
- Sodio: 235 mg
- Proteínas: 3 g

20. Pan francés clásico

Tiempo de preparación: 15 minutos

Tiempo de cocción: 3 horas

Porciones: 12 rebanadas

Ingredientes:

Para 1 libra de pan:

- 1 taza de agua tibia
- 2 cucharaditas de azúcar
- 1 cucharadita de sal
- 3 1/4 tazas de harina de trigo para pan común
- 1 cucharadita de levadura de máquina de pan

Para 1 ½ libra de pan:

- 1 1/4 tazas de agua tibia

- 1 cucharada de azúcar
- 1 1/2 cucharadita de sal
- 3 2/3 tazas de harina de trigo para pan común
- 1 1/2 cucharaditas de levadura de máquina de pan

Para 2 libras de pan:

- 1 1/4 tazas de agua tibia
- 1 cucharada de azúcar
- 1 1/2 cucharaditas de sal
- 4 tazas de harina de trigo para pan común
- 1 1/2 cucharaditas de levadura de máquina de pan

Preparación:

1. Agrega los ingredientes a la máquina de pan según el orden de los ingredientes enumerados anteriormente o siga el manual de instrucciones de tu máquina de pan.

2. Selecciona la opción de pan francés y la función de corteza media.

3. Cuando esté listo, coloca el pan en una rejilla para secar y déjelo enfriar, luego sirve.

Consejos:

1. Para darle sabor al pan, agrega media taza de arándanos secos o pasas para un sabor más dulce. Para un sabor sabroso, agrega las hojas de dos ramitas de romero.

Nutrición:

- Calorías: 206
- Grasa total: 0,6 g
- Grasa saturada: 0,1 g
- Colesterol: 0 mg
- Carbohidratos totales: 43,4 g
- Fibra dietética: 1,8 g
- Sodio: 292,2 mg
- Proteínas: 5,9 g

21. Masa madre

Tiempo de preparación: 20 minutos

Tiempo de cocción: 3 horas

Porciones: 10 rebanadas

Ingredientes:

Ingredientes para un entrante de masa madre:

- 2 tazas de harina de trigo blanca para todo uso
- 1 cucharadita de levadura seca activa
- 2 tazas de agua tibia

Ingredientes para pan:

Para 1 libra de pan:

- 1/2 taza de masa fermentada inicio
- 1/3 taza de agua tibia
- 1/2 cucharada de azúcar
- 1/2 cucharada de levadura activa seca
- 1 1/2 tazas harina de trigo para pan común
- 1 1/2 cucharadas de aceite vegetal
- 1 cucharadita de sal

Para 1 ½ libra de pan:

- 3/4 taza de masa fermentada inicio
- 1/2 taza de agua tibia
- 3/4 cucharada de azúcar
- 3/4 cucharada de levadura activa seca
- 2 1/4 tazas harina de trigo para pan común
- 2 1/4 cucharadas de aceite vegetal
- 1 1/2 cucharaditas de sal

Para 2 libras de pan:

- 1 taza de masa fermentada inicio
- ¾ taza de agua tibia
- 1 cucharada de azúcar
- 1 cucharada de levadura activa seca
- 3 tazas harina de trigo para pan común
- 3 cucharadas de aceite vegetal
- 2 cucharaditas de sal

Preparación:

Instrucciones para un entrante de masa madre:

1. Agrega los ingredientes a un plato de cerámica o vidrio. Asegúrate de que el plato sea lo suficientemente grande para permitir la expansión.

2. Cubre el plato con un paño, fija el paño en su lugar con una banda elástica.

3. Deja que la masa descanse durante cinco días en un área cálida. Revuelve la masa una vez al día.

4. Tu masa madre inicial ya está lista para usar. Refrigera el resto y úsala cuando sea necesario. Si deseas hacer algunas hogazas, puedes conservar la masa madre "viva" alimentándola con cantidades iguales de harina y agua y dejándola reposar en un área cálida, y usándola cuando sea necesario.

Instrucciones para el pan:

1. Agrega la masa madre, el agua, el azúcar y la levadura en la panificadora. Usando una espátula, combina los ingredientes.

2. Déjela reposar durante diez minutos.

3. Agrega harina de pan, aceite y sal.

4. Selecciona la opción básica y la función de corteza media.

5. Cuando esté listo, coloca el pan en una rejilla para secar y déjalo enfriar, luego sirve.

Nutrición:

- Calorías: 181,3
- Grasa total: 4,5 g
- Grasa saturada: 0,6 g
- Colesterol: 0 mg
- Carbohidratos totales: 30,4 g
- Fibra dietética: 1,3 g
- Sodio: 467 mg
- Proteínas: 4,4 g

Capítulo 3: Panes de especias y hierbas

22. Increíble pan de romero

Tiempo de preparación: 5 minutos

Tiempo de cocción: 2 horas

Porciones: 8 rebanadas

Ingredientes:

- 3/4 taza + 1 cucharada de agua a 80°F
- 1 2/3 cucharadas de mantequilla derretida, fría
- 2 cucharaditas de azúcar
- 1 cucharadita de sal
- 1 cucharada de romero fresco picado
- 2 tazas de harina de trigo para pan blanco
- 1 1/3 cucharaditas de levadura instantánea

Preparación:

1. Combina todos los ingredientes en tu máquina de pan, siguiendo cuidadosamente las instrucciones del fabricante.

2. Configura el programa de tu máquina de pan en básico, pan blanco y configura el tipo de corteza en medio.

3. Presiona inicio.

4. Espera hasta que se complete el ciclo.

5. Una vez que el pan esté listo, saca y deja que el pan se enfríe durante 5 minutos.

6. Mueve suavemente la bandeja para sacar la hogaza.

Nutrición:

- Carbohidratos totales: 25 g
- Fibra: 1 g
- Proteínas: 4 g
- Grasas: 3 g
- Calorías: 142

23. Pan de hierbas italiano original

Tiempo de preparación: 15 minutos

Tiempo de cocción: 3 horas

Porciones: 20 rebanadas

Ingredientes:

- 1 taza de agua a 80°F
- ½ taza de salmuera de aceitunas
- 1½ cucharadas de mantequilla
- 3 cucharadas de azúcar
- 2 cucharaditas de sal
- 5 1/3 tazas de harina de trigo para pan
- 2 cucharaditas de levadura para máquina de pan
- 20 aceitunas negras/verdes

- 1½ cucharaditas de hierbas italianas

Preparación:

1. Corta las aceitunas en rodajas.
2. Pon todos los ingredientes en tu máquina de pan (excepto las aceitunas), siguiendo cuidadosamente las instrucciones del fabricante.
3. Configura el programa de tu máquina de pan en pan francés y configura el tipo de corteza en medio.
4. Una vez que la máquina de pan emita un pitido, agrega las aceitunas.
5. Espera hasta que se complete el ciclo.
6. Una vez que la hogaza esté lista, saca la bandeja y deja que enfríe la hogaza durante 6 minutos.
7. Mueve la bandeja para sacar el pan.

Nutrición:

- Carbohidratos totales: 71 g
- Fibra: 1 g
- Proteínas: 10 g
- Grasas: 7 g
- Calorías: 386

24. Pan de lavanda aromático encantador

Tiempo de preparación: 5 minutos

Tiempo de cocción: 2 horas y 45 minutos

Porciones: 8 rebanadas

Ingredientes:

- ¾ taza de leche a 80°F
- 1 cucharada de mantequilla derretida, fría
- 1 cucharada de azúcar
- ¾ cucharadita de sal
- 1 cucharadita de flor de lavanda fresca, picada
- ¼ de cucharadita de ralladura de limón

- ¼ de cucharadita de tomillo fresco picado
- 2 tazas de harina de trigo para pan blanco
- ¾ cucharadita de levadura instantánea

Preparación:

1. Agrega todos los ingredientes a tu máquina de pan, siguiendo cuidadosamente las instrucciones del fabricante.
2. Configura el programa de tu máquina de pan en básico, pan blanco y configura el tipo de corteza en media.
3. Espera hasta que se complete el ciclo.
4. Una vez que el pan esté listo, saca la bandeja y deja que el pan se enfríe durante 5 minutos.
5. Voltea suavemente la bandeja para sacar la hogaza.

Nutrición:

- Carbohidratos totales: 27 g
- Fibra: 1 g
- Proteínas: 4 g
- Grasas: 2 g
- Calorías: 144

25. Pan de canela y frutas secas

Tiempo de preparación: 5 minutos

Tiempo de cocción: 3 horas

Porciones: 16 rebanadas

Ingredientes:

- 2¾ tazas de harina de trigo para pan
- 1½ tazas de frutos secos
- 4 cucharadas de azúcar
- 2½ cucharadas de mantequilla
- 1 cucharada de leche en polvo
- 1 cucharadita de canela
- ½ cucharadita de nuez moscada molida

- ¼ de cucharadita de vainillina
- ½ taza de maní
- azúcar en polvo, para espolvorear
- 1 cucharadita de sal
- 1½ levadura de máquina de pan

Preparación:

1. Agrega todos los ingredientes a tu máquina de pan (excepto maní y azúcar en polvo), siguiendo cuidadosamente las instrucciones del fabricante.
2. Configura el programa de tu máquina de pan en básico, pan blanco y configura el tipo de corteza en medio.
3. Una vez que la máquina de pan emita un pitido, humedece la masa con un poco de agua y agrega los cacahuates.
4. Espera hasta que se complete el ciclo.
5. Una vez que el pan esté listo, saca la bandeja deja que el pan se enfríe durante 5 minutos.
6. Voltea suavemente la bandeja para sacar la hogaza.
7. Espolvorea con azúcar en polvo.

Nutrición:

- Carbohidratos totales: 65 g
- Fibra: 1 g
- Proteínas: 5 g
- Grasas: 4 g
- Calorías: 315

26. Delicia de queso crema con ajo y hierbas

Tiempo de preparación: 5 minutos

Tiempo de cocción: 2 horas y 45 minutos

Porciones: 8 rebanadas

Ingredientes:

- 1/3 taza de agua a 80°F
- 1/3 taza de mezcla de queso crema con ajo y hierbas, a temperatura ambiente
- 1 huevo entero, batido, a temperatura ambiente
- 4 cucharaditas de mantequilla derretida, fría
- 1 cucharada de azúcar
- 2/3 cucharadita de sal
- 2 tazas de harina de trigo para pan blanco

- 1 cucharadita de levadura instantánea

Preparación:

1. Agrega todos los ingredientes a tu máquina de pan, siguiendo cuidadosamente las instrucciones del fabricante.
2. Configura el programa de tu máquina de pan en básico, pan blanco y configura el tipo de corteza en media.
3. Espera hasta que se complete el ciclo.
4. Una vez que el pan esté listo, saca de la bandeja deja que el pan se enfríe durante 5 minutos.
5. Voltea suavemente la bandeja para sacar la hogaza.

Nutrición:

- Carbohidratos totales: 27 g
- Fibra: 2 g
- Proteínas: 5 g
- Grasas: 6 g
- Calorías: 182

27. Pan de queso mozzarella con orégano

Tiempo de preparación: 15 minutos

Tiempo de cocción: 3 horas y 15 minutos

Porciones: 16 rodajas

Ingredientes:

- 1 taza de mezcla (leche + huevo)
- ½ taza de queso mozzarella
- 2¼ tazas de harina de trigo para pan
- ¾ taza de harina de trigo integral
- 2 cucharadas de azúcar
- 1 cucharadita de sal
- 2 cucharaditas de orégano

- 1½ cucharaditas de levadura seca

Preparación:

1. Agrega todos los ingredientes a tu máquina de pan, siguiendo cuidadosamente las instrucciones del fabricante.
2. Configura el programa de tu máquina de pan en básico, pan blanco y configura el tipo de corteza en dura.
3. Espera hasta que se complete el ciclo.
4. Una vez que el pan esté listo, saca la bandeja y deja que el pan se enfríe durante 5 minutos.
5. Voltea suavemente la bandeja para sacar la hogaza.

Nutrición:

- Carbohidratos totales: 40 g
- Fibra: 1 g
- Proteínas: 7,7 g
- Grasas: 2,1 g
- Calorías: 209

28. Pan de lujo con comino

Tiempo de preparación: 5 minutos

Tiempo de cocción: 3 horas y 15 minutos

Porciones: 16 rebanadas

Ingredientes:

- 5 1/3 tazas de harina de trigo para pan
- 1½ cucharaditas de sal
- 1½ cucharadas de azúcar
- 1 cucharada de levadura seca
- 1¾ tazas de agua
- 2 cucharadas de comino
- 3 cucharadas de aceite de girasol

Preparación:

1. Agrega agua tibia a la bandeja de la máquina de pan.
2. Agrega sal, azúcar y aceite de girasol.
3. Tamiza la harina de trigo y añade la levadura.
4. Configura el programa de tu máquina de pan en pan francés y configura el tipo de corteza en medio.
5. Una vez que la máquina de pan emita un pitido, agrega el comino.
6. Espera hasta que se complete el ciclo.
7. Una vez que el pan esté listo, saca la bandeja y deja que el pan se enfríe durante 5 minutos.
8. Voltea suavemente la bandeja para sacar la hogaza.

Nutrición:

- Carbohidratos totales: 67 g
- Fibra: 2 g
- Proteínas: 9,5 g
- Grasas: 7 g
- Calorías: 368

29. Pan de papa y romero

Tiempo de preparación: 5 minutos

Tiempo de cocción: 3 horas y 25 minutos

Porciones: 20 rebanadas

Ingredientes:

- 4 tazas de harina de trigo para pan
- 1 cucharada de azúcar
- 1 cucharada de aceite de girasol
- 1½ cucharaditas de sal
- 1½ tazas de agua
- 1 cucharadita de levadura seca
- 1 taza de puré de papas, molido a través de un colador

- romero triturado al gusto

Preparación:

1. Agrega harina, sal y azúcar a la bandeja para hacer pan y coloca la paleta mezcladora.
2. Agrega aceite de girasol y agua.
3. Agrega la levadura como se indica.
4. Configura el programa de tu máquina de pan en el modo pan con relleno y configura el tipo de corteza en medio.
5. Una vez que la máquina de pan emita un pitido y te indique que agregues más ingredientes, abre la tapa, agrega puré de papas y romero picado.
6. Espera hasta que se complete el ciclo.
7. Una vez que el pan esté listo, saca la bandeja y deja que el pan se enfríe durante 5 minutos.
8. Voltea suavemente la bandeja para sacar la hogaza.

Nutrición:

- Carbohidratos totales: 54 g
- Fibra: 1 g
- Proteínas: 8 g

- Grasas: 3 g
- Calorías: 276

30. Delicioso pan de miel y lavanda

Tiempo de preparación: 10 minutos

Tiempo de cocción: 3 horas y 25 minutos

Porciones: 16 rebanadas

Ingredientes:

- 1½ tazas de harina de trigo para pan
- 2 1/3 tazas de harina de trigo integral
- 1 cucharadita de levadura fresca
- 1½ tazas de agua
- 1 cucharadita de lavanda
- 1½ cucharadas de miel

- 1 cucharadita de sal

Preparación:

1. Tamiza ambos tipos de harina en un bol y mezclar.
2. Agrega todos los ingredientes a tu máquina de pan, siguiendo cuidadosamente las instrucciones del fabricante.
3. Configura el programa de tu máquina de pan en básico, pan blanco y configura el tipo de corteza en medio.
4. Espera hasta que se complete el ciclo.
5. Una vez que el pan esté listo, saca de la bandeja y deja que el pan se enfríe durante 5 minutos.
6. Voltea suavemente la bandeja para sacar la hogaza.

Nutrición:

- Carbohidratos totales: 46 g
- Fibra: 1 g
- Proteínas: 7,5 g
- Grasas: 1,5 g
- Calorías: 226

31. Pan de canela inspirador

Tiempo de preparación: 15 minutos

Tiempo de cocción: 2 horas y 15 minutos

Porciones: 8 rebanadas

Ingredientes:

- 2/3 taza de leche a 80°F
- 1 huevo entero, batido
- 3 cucharadas de mantequilla derretida, fría
- 1/3 taza de azúcar
- 1/3 cucharadita de sal
- 1 cucharadita de canela en polvo

- 2 tazas de harina de trigo para pan blanco
- 1 1/3 cucharaditas de levadura seca activa

Preparación:

1. Agrega todos los ingredientes a tu máquina de pan, siguiendo cuidadosamente las instrucciones del fabricante.
2. Configura el programa de tu máquina de pan en básico, pan blanco y configura el tipo de corteza en medio.
3. Espera hasta que se complete el ciclo.
4. Una vez que el pan esté listo, saca la bandeja y deja que el pan se enfríe durante 5 minutos.
5. Retira la hogaza

Nutrición:

- Carbohidratos totales: 34 g
- Fibra: 1 g
- Proteínas: 5 g
- Grasas: 5 g
- Calorías: 198

32. Pan de mantequilla de lavanda

Tiempo de preparación: 10 minutos

Tiempo de cocción: 3 horas

Porciones: 14 rebanadas

Ingredientes:

- ½ taza de agua
- 7/8 taza de suero de leche
- 1/4 taza de aceite de oliva
- 3 cucharadas de hojas de lavanda frescas finamente picadas
- 1 ¼ de cucharadita de flores de lavanda frescas finamente picadas

- Ralladura de 1 limón
- 4 tazas de harina de trigo para pan
- 2 cucharaditas de sal
- 2 3/4 cucharaditas de levadura para máquina de pan

Preparación:

1. Agrega cada ingrediente a la máquina de pan en el orden y a la temperatura recomendada por el fabricante de la máquina de pan.
2. Cierra la tapa; selecciona la opción de pan básico, corteza media en tu máquina de pan y presiona iniciar.
3. Cuando la máquina de pan haya terminado de hornearse, retira el pan y colócalo en una rejilla para enfriar.

Nutrición:

- Carbohidratos: 27 g
- Grasas: 5 g
- Proteínas: 2 g
- Calorías: 170

33. Pan Cajún

Tiempo de preparación: 10 minutos

Tiempo de cocción: 2 horas 10 minutos

Porciones: 14 rebanadas

Ingredientes:

- ½ taza de agua
- ¼ de taza de cebolla picada
- ¼ taza de pimiento morrón verde picado
- 2 cucharaditas de ajo finamente picado
- 2 cucharaditas de mantequilla blanda
- 2 tazas de harina de trigo para pan

- 1 cucharada de azúcar
- 1 cucharadita de Cajún
- ½ cucharadita de sal
- 1 cucharadita de levadura seca activa

Preparación:

1. Agrega cada ingrediente a la máquina de pan en el orden y a la temperatura recomendada por el fabricante de la máquina de pan.
2. Cierra la tapa, selecciona el pan básico, la configuración de corteza media en tu máquina de pan y presiona iniciar.
3. Cuando la máquina de pan haya terminado de hornear, retira el pan y colócalo en una rejilla para enfriar.

Nutrición:

- Carbohidratos: 23 g
- Grasas: 4 g
- Proteínas: 5 g
- Calorías: 150

34. Pan de cúrcuma

Tiempo de preparación: 5 minutos

Tiempo de cocción: 3 horas

Porciones: 14 rebanadas

Ingredientes:

- 1 cucharadita de levadura seca
- 4 tazas de harina de trigo blanca fuerte
- 1 cucharadita de cúrcuma en polvo
- 2 cucharaditas de remolacha en polvo
- 2 cucharadas de aceite de oliva
- 1,5 cucharaditas de sal

- 1 cucharadita de hojuelas de chile
- 1 3/8 de agua

Preparación:

1. Agrega cada ingrediente a la máquina de pan en el orden y a la temperatura recomendada por el fabricante.
2. Cierra la tapa; selecciona el ajuste de pan básico, corteza media en tu máquina de pan y presiona iniciar.
3. Cuando la máquina de pan haya terminado de hornearse, retira el pan y colócalo en una rejilla para enfriar.

Nutrición:

- Carbohidratos: 24 g
- Grasas: 3 g
- Proteínas: 2 g
- Calorías: 129

35. Pan de nueces, arándanos y romero

Tiempo de preparación: 30 minutos

Tiempo de cocción: 3 horas

Porciones: 14 rebanadas

Ingredientes:

- 1 1/3 tazas de agua
- 2 cucharadas de agua
- 2 cucharadas de mantequilla
- 2 cucharaditas de sal
- 4 tazas de harina de trigo para pan
- 3/4 taza de arándanos rojos endulzados secos

- 3/4 taza de nueces pecanas tostadas y picadas
- 2 cucharadas de leche en polvo descremada
- ¼ de taza) de azúcar
- 2 cucharaditas de levadura

Preparación:

1. Agrega cada ingrediente a la máquina de pan en el orden y a la temperatura recomendada por el fabricante.
2. Cierra la tapa; selecciona el ajuste de pan básico, corteza media en tu máquina de pan y presiona iniciar.
3. Cuando la máquina de pan haya terminado de hornear, retira el pan y colócalo en una rejilla para enfriar.

Nutrición:

- Carbohidratos: 18 g
- Grasas: 5 g
- Proteínas: 9 g
- Calorías: 120

36. Pan francés con sésamo

Tiempo de preparación: 20 minutos

Tiempo de cocción: 3 horas 15 minutos

Porciones: 14 rebanadas

Ingredientes:

- 7/8 taza de agua
- 1 cucharada de mantequilla ablandada
- 3 tazas de harina de trigo para pan
- 2 cucharaditas de azúcar
- 1 cucharadita de sal
- 2 cucharaditas de levadura

- 2 cucharadas de semillas de sésamo tostadas

Preparación:

1. Agrega cada ingrediente a la máquina de pan en el orden y a la temperatura recomendada por el fabricante.

2. Cierra la tapa; selecciona la configuración de pan francés, corteza media en tu máquina de pan y presiona iniciar.

3. Cuando la máquina de pan haya terminado de hornearse, retira el pan y colócalo en una rejilla para enfriar.

Nutrición:

- Carbohidratos: 28 g

- Grasas: 3 g

- Proteínas: 6 g

- Calorías: 180

Capítulo 4: Panes dulces

37. Pan de plátano con mantequilla de maní y chispas de chocolate

Tiempo de preparación: 25 minutos

Tiempo de cocción: 10 minutos

Porciones: 12 a 16 rebanadas

Ingredientes:

- 2 plátanos, triturados
- 2 huevos, a temperatura ambiente
- 1/2 taza de mantequilla derretida, fría
- 2 cucharadas de leche líquida, a temperatura ambiente
- 1 cucharadita de extracto puro de vainilla
- 2 tazas de harina de trigo para todo uso
- 1/2 taza de azúcar

- 1 1/4 cucharaditas de polvo de hornear
- 1/2 cucharadita de bicarbonato de sodio
- 1/2 cucharadita de sal
- 1/2 taza de chispas de mantequilla de maní
- 1/2 taza de chispas de chocolate semidulce

Preparación:

1. Mezcla los plátanos, los huevos, la mantequilla, la leche y la vainilla en la bandeja de la máquina de hacer pan y déjalo a un lado.
2. En un tazón mediano; mezcla la harina, el azúcar, el polvo de hornear, el bicarbonato de sodio, la sal, las chispas de mantequilla de maní y las chispas de chocolate.
3. Agrega los ingredientes secos a la bandeja.
4. Programa la máquina para pan rápido presiona iniciar.
5. Cuando el bizcocho esté hecho, clava un cuchillo en él, y si sale limpio, el pan está listo.
6. Si el pan necesita unos minutos más, busca en el panel de administración el botón Solo hornear y extiende el tiempo en 10 minutos.

7. Cuando el pan esté listo, retira la bandeja de la máquina.

8. Deja enfriar el pan durante 5 minutos.

9. Agita suavemente la bandeja para sacar el pan y colócalo en una rejilla para que se enfríe.

Nutrición:

- Calorías: 297
- Grasa total: 14 g
- Grasa saturada: 7 g
- Hidratos de Carbono: 40 g
- Fibra: 1 g
- Sodio: 255 mg
- Proteínas: 4g

38. Pan de crema agria de chocolate

Tiempo de preparación: 25 minutos

Tiempo de cocción: 10 minutos

Porciones: 12 rebanadas

Ingredientes:

- 1 taza de crema agria
- 2 huevos, a temperatura ambiente
- 1 taza de azúcar
- 1/2 taza (1 barra) de mantequilla, a temperatura ambiente
- 1/4 taza de yogur griego natural
- 1 ¾ tazas de harina de trigo para todo uso
- 1/2 taza de cacao en polvo sin azúcar

- 1/2 cucharadita de levadura en polvo
- 1/2 cucharadita de sal
- 1 taza de chispas de chocolate con leche

Preparación:

1. En un tazón pequeño; mezcla la crema agria, los huevos, el azúcar, la mantequilla y el yogur hasta que estén combinados.
2. Transfiere los ingredientes húmedos a la bandeja de la máquina de pan y luego agrega la harina, el cacao en polvo, el polvo de hornear, la sal y las chispas de chocolate.
3. Programa la máquina para pan rápido y presiona iniciar.
4. Cuando el pan esté listo, clava un cuchillo en él, y si sale limpio, el pan está listo.
5. Si el pan necesita unos minutos más, revisa el panel de control para ver si hay un botón de solo hornear y extiende el tiempo por 10 minutos.
6. Cuando el pan esté listo, retira la bandeja de la máquina.
7. Deja enfriar el pan durante 5 minutos.
8. Voltea suavemente la bandeja para sacar el pan y colócalo en una rejilla para que se enfríe.

Nutrición:

- Calorías: 347
- Grasa total: 16 g
- Grasa saturada: 9 g
- Hidratos de Carbono: 48 g
- Fibra: 2 g
- Sodio: 249 mg
- Proteínas: 6 g

39. Pan Cobbler Nectarine

Tiempo de preparación: 10 minutos

Tiempo de cocción: 5 minutos

Porciones: 12 a 16 rebanadas

Ingredientes:

- 1/2 taza (1 barra) de mantequilla, a temperatura ambiente
- 2 huevos, a temperatura ambiente
- 1 taza de azúcar
- 1/4 taza de leche líquida, a temperatura ambiente
- 1 cucharadita de extracto puro de vainilla
- 1 taza de nectarinas cortadas en cubitos
- 1 ¾ tazas de harina de trigo para todo uso

- 1 cucharadita de bicarbonato de sodio
- 1/2 cucharadita de sal
- 1/2 cucharadita de nuez moscada molida
- 1/4 de cucharadita de levadura en polvo

Preparación:

1. Coloca la mantequilla, los huevos, el azúcar, la leche, la vainilla y las nectarinas en tu máquina de hacer pan.
2. Programa la máquina para pan en rápido y presiona inicio.
3. Mientras se mezclan los ingredientes húmedos, mezcla la harina, el bicarbonato de sodio, la sal, la nuez moscada y el polvo de hornear en un tazón pequeño.
4. Después de que se realiza la primera mezcla rápida y la máquina indica, agrega los ingredientes secos.
5. Cuando el pan esté listo, retira la bandeja de la máquina.
6. Deja enfriar el pan durante 5 minutos.
7. Voltea suavemente la bandeja para sacar el pan, luego colócalo en una rejilla para que se enfríe.

Nutrición:

- Calorías: 218

- Grasa total: 9 g
- Grasa saturada: 5 g
- Hidratos de carbono: 32 g
- Fibra: 1 g
- Sodio: 270 mg
- Proteínas: 3 g

40. Pan de arce con crema agria

Tiempo de preparación: 5 minutos

Tiempo de cocción: 10 minutos

Porciones: 8 rebanadas

Ingredientes:

- 6 cucharadas de agua, de 80°F a 90°F
- 6 cucharadas de crema agria, a temperatura ambiente
- 1 1/2 cucharadas de mantequilla, a temperatura ambiente
- ¾ cucharada de sirope de arce
- ½ cucharadita de sal
- 1 3/4 tazas de harina de trigo para pan blanco
- 1 1/6 cucharaditas de levadura para máquina de pan

Preparación:

1. Coloca los ingredientes en tu máquina de pan según lo recomendado por el fabricante.
2. Programa la máquina para pan básico/blanco
3. Selecciona corteza ligera o media y luego presiona Iniciar.
4. Cuando el pan esté listo, retira la bandeja de la máquina.
5. Deja enfriar el pan durante 5 minutos.
6. Agita suavemente la bandeja para sacar el pan y colócalo en una rejilla para que se enfríe.

Nutrición:

- Calorías: 149
- Grasa total: 4 g
- Grasa saturada: 3 g
- Hidratos de Carbono: 24 g
- Fibra: 1 g
- Sodio: 168 mg
- Proteína: 4 g

41. Pan de Barmbrack

Tiempo de preparación: 10 minutos

Tiempo de cocción: 25 minutos

Porciones: 8 rebanadas

Ingredientes:

- 2/3 taza de agua
- 1 cucharada de mantequilla derretida, fría
- 2 cucharadas de azúcar
- 2 cucharadas de leche desnatada en polvo
- 1 cucharadita de sal
- 1 cucharadita de ralladura de limón seca
- 1/4 de cucharadita de pimienta dulce molida
- 1/8 cucharadita de nuez moscada molida

- 2 tazas de harina de trigo para pan blanco
- 1 1/2 cucharaditas de máquina de pan o levadura seca activa
- 1/2 taza de grosellas secas

Preparación:

1. Coloca los ingredientes, excepto las grosellas, en tu máquina de pan según lo recomendado por el fabricante.
2. Programa el sistema para básico, selecciona corteza ligera o media y presiona Iniciar.
3. Agrega las pasas de Corinto cuando tu máquina indique o cuando comience el segundo ciclo de amasado.
4. Cuando el pan esté listo, retira la bandeja de la máquina.
5. Deja enfriar el pan durante 5 minutos.
6. Voltea suavemente la bandeja para sacar el pan y colócalo en una rejilla para que se enfríe.

Nutrición:

- Calorías: 175
- Grasa total: 2 g

- Grasa saturada: 1 g
- Hidratos de Carbono: 35 g
- Fibra: 1 g
- Sodio: 313 mg
- Proteínas: 5 g

42. Pan de mantequilla de manzana

Tiempo de preparación: 5 minutos

Tiempo de cocción: 25 minutos

Porciones: 8 rebanadas

Ingredientes:

- 2/3 taza de leche
- 1/3 taza de mantequilla de manzana, a temperatura ambiente
- 4 cucharaditas de mantequilla derretida, fría
- 2 cucharaditas de miel
- 2/3 cucharadita de sal
- 2/3 taza de harina de trigo integral
- 11/2 tazas de harina de trigo para pan blanco

- 1 cucharadita de levadura instantánea

Preparación:

1. Coloca los ingredientes en tu máquina de pan según lo recomendado por el fabricante.
2. Programa el sistema para Básico, elige corteza ligera o media y presiona Iniciar.
3. Cuando el pan esté listo, retira la bandeja de la máquina.
4. Deja enfriar el pan durante 5 minutos.
5. Voltea suavemente la bandeja para sacar el pan y colócalo en una rejilla para que se enfríe.
6. Consejo sobre ingredientes: la mantequilla de manzana es fácil de preparar en una olla de cocción lenta con muy poco alboroto o desorden. Hacer el tuyo propio asegura que sepas qué ingredientes se incluyen en esta deliciosa pasta para untar.

Nutrición:

- Calorías: 178
- Grasa total: 3 g
- Grasa saturada: 2 g
- Hidratos de Carbono: 34 g

- Fibra: 1 g
- Sodio: 220 mg
- Proteínas: 4 g

43. Pan crujiente de miel

Tiempo de preparación: 5 minutos

Tiempo de cocción: 25 minutos

Porciones: 8 rebanadas

Ingredientes:

- 2/3 taza de agua
- 1 cucharada de miel
- 3/4 cucharada de mantequilla derretida, fría
- 1/2 cucharadita de sal
- 1 3/4 tazas de harina de trigo para pan blanco
- 1 cucharadita de levadura instantánea

Preparación:

1. Coloca los ingredientes en tu máquina de pan según lo recomendado por el fabricante.

2. Programa el sistema para pan básico, selecciona corteza ligera o media y presiona Iniciar.
3. Cuando el pan esté listo, retira la bandeja de la máquina.
4. Deja enfriar el pan durante 5 minutos.
5. Voltea suavemente la bandeja para sacar el pan y colócalo en una rejilla para que se enfríe.
6. Consejo de variación: intenta agregar chispas de chocolate semidulce y chispas de caramelo para darle un giro inesperado a este pan simple. El producto resultante se dorará con la dulzura que le da a la versión simple un importante lavado de cara.

Nutrición:

- Calorías: 119
- Grasa total: 1 g
- Grasa saturada: 1 g
- Hidratos de Carbono: 24 g
- Fibra: 1 g
- Sodio: 155 mg
- Proteínas: 3 g

44. Pan de granola con miel

Tiempo de preparación: 5 minutos

Tiempo de cocción: 25 minutos

Porciones: 8 rebanadas

Ingredientes:

- 3/4 tazas de leche
- 2 cucharadas de miel
- 1 cucharada de mantequilla derretida, fria
- 3/4 cucharaditas de sal
- 1/2 taza de harina de trigo integral
- 1/2 taza de granola preparada, triturada
- 1 ¼ tazas de harina de trigo para pan blanco
- 1 cucharadita de levadura instantánea

Preparación:

1. Coloca los ingredientes en tu máquina de pan según lo recomendado por el fabricante.
2. Programa el sistema para pan básico, pan blanco, selecciona corteza ligera o media y presiona Iniciar.
3. Cuando el pan esté listo, retira la bandeja de la máquina.
4. Deja enfriar el pan durante 5 minutos.
5. Voltea suavemente la bandeja para sacar el pan y colócalo en una rejilla para que se enfríe.
6. Consejo sobre ingredientes: elige granola sin frutos secos porque la triturará para esta receta. La fruta seca crearía una mezcla grumosa en la masa, lo que arruinaría la textura del pan terminado.

Nutrición:

- Calorías: 151
- Grasa total: 5 g
- Grasa saturada: 2 g
- Hidratos de carbono: 33 g
- Fibra: 2 g
- Sodio: 218 mg

- Proteínas: 6 g

45. Pan negro

Tiempo de preparación: 5 minutos

Tiempo de cocción: 25 minutos

Porciones: 8 rebanadas

Ingredientes:

- 1/2 taza de agua
- 1/4 taza de café preparado a una temperatura de 80°F a 90°F
- 1 cucharada de vinagre balsámico
- 1 cucharada de aceite de oliva
- 1 cucharada de melaza oscura
- 1/2 cucharada de azúcar morena clara
- 1/2 cucharadita de sal
- 1 cucharadita de semillas de alcaravea

- 2 cucharadas de cacao en polvo sin azúcar
- 1/2 taza de harina de centeno oscuro
- 1/4 tazas de harina de trigo para pan blanco
- 1 cucharadita de levadura instantánea

Preparación:

1. Coloca los ingredientes en tu máquina de pan según lo recomendado por el fabricante.
2. Programa la máquina para pan de trigo integral o de grano integral, selecciona la corteza ligera o media y presiona Iniciar.
3. Cuando el pan esté listo, retira la bandeja de la máquina.
4. Deja enfriar el pan durante 5 minutos.
5. Voltea suavemente la bandeja para sacar el pan y colócalo en una rejilla para que se enfríe.

Nutrición:

- Calorías: 123
- Grasa total: 2 g
- Grasa saturada: 0 g
- Hidratos de carbono: 23 g

- Fibra: 3 g
- Sodio: 150 mg
- Proteínas: 4 g

46. Pan de sidra de manzana

Tiempo de preparación: 5 minutos

Tiempo de cocción: 25 minutos

Porciones: 8 rebanadas

Ingredientes:

- 1/4 taza de leche
- 2 cucharadas de sidra de manzana, a temperatura ambiente
- 2 cucharadas de azúcar
- 4 cucharaditas de mantequilla derretida, fría
- 1 cucharada de miel
- 1/4 cucharadita de sal
- 2 tazas de harina de trigo para pan blanco
- 3/4 cucharaditas de levadura para máquina de pan o levadura instantánea

- 2/3 de manzana, pelada, sin corazón y finamente picada

Preparación:

1. Coloca los ingredientes, excepto la manzana, en tu máquina de pan según lo recomendado por el fabricante.
2. Programa la máquina para pan básico, pan blanco, selecciona corteza ligera o media y presiona Iniciar.
3. Agrega la manzana cuando la máquina indique o 5 minutos antes de que finalice el último ciclo de amasado.
4. Cuando el pan esté listo, retira la bandeja de la máquina.
5. Deja enfriar el pan durante 5 minutos.
6. Voltea suavemente la bandeja para sacar el pan y colócalo en una rejilla para que se enfríe.
7. Consejo sobre ingredientes: busca sidra de manzana endulzada y bien condimentada, para que el pan se levante bien.

Nutrición:

- Calorías: 164
- Grasa total: 3 g

- Grasa saturada: 1 g
- Hidratos de carbono: 31 g
- Fibra: 1 g
- Sodio: 70 mg
- Proteínas: 4 g

Conversión de medidas de cocción

Medidas de volumen seco en EE. UU.	
1/16 cucharadita	un guión
1/8 cucharadita	una pizca
3 cucharaditas	1 cucharada
¼ de taza	4 cucharadas
1/3 taza	5 cucharadas + 1 cucharadita
½ taza	8 cucharadas
¾ taza	12 cucharadas
1 taza	16 cucharadas
1 libra	16 onzas

Medidas de volumen de líquidos en EE. UU.	
Ocho onzas líquidas	1 taza
1 pinta = 2 tazas	16 onzas líquidas
1 cuarto = 2 pintas	4 tazas
1 galón = 4 cuartos	16 tazas

Lista de compras de comestibles

Granos y harinas

- Harina de trigo
- Sémola
- Harina de maíz
- Copos de maíz
- Polenta
- Harina de pan
- Harina de avena
- Copos de avena

- Harina integral
- Harina Integral
- Harina de cereales
- Harina de centeno
- Harina de arroz
- Harina de lino
- Bulgur
- Arroz
- Avena
- Salvado
- Salvado de avena
- Levadura
- Huevos

Nueces y semillas

- Semillas de amapola
- Almendra
- Hojuelas de almendra

- Miseria
- Semillas de girasol
- Semillas de lino
- Semillas de mostaza
- Semillas de sésamo
- Semillas de calabaza
- Nueces
- Nuez
- Coco seco
- Pistachos
- Nueces pecanas
- Avellana
- Sésamo

Leche

- Leche
- Crema agria
- Yogur

- Yogur de frutas
- Manteca
- Suero / Suero
- Leche en Polvo
- Leche de coco

Carne, aves y pescado

- Pollo
- Salchichas ahumadas
- Tocino
- Pepperoni
- Jamón
- Pescado ahumado

Queso

- Parmesano
- Queso azul
- Queso verde
- Queso feta

- Requesón
- Queso Mozzarella
- Queso Cheddar

Productos enlatados

- Aceitunas

Hierbas secas, verduras y especias

- Hierbas italianas
- Orégano
- Albahaca
- Romero
- Eneldo
- Azafrán
- Lavanda
- Polvo de ajo
- Tomillo
- Zanahorias secas
- Remolacha seca

- Cebolla seca
- Ajo seco
- Tomates secados al sol

Aceites, vinagre y condimentos

- Aceite de oliva virgen extra
- Aceite de linaza
- Aceite de colza
- Aceite de almendras
- Aceite de girasol
- Aceite de mostaza
- Aceite de maíz
- Mantequilla de maní
- Rábano picante
- Salsa de soja
- Pasta de tomate
- Salsa de tomate
- Salsa de tomate para pizza

- Mostaza de Dijon

Bebidas

- Ron
- Cerveza baja en calorías
- Cerveza negra
- Café instantáneo

Condimentos

- Sal
- Sal marina
- Azúcar
- Azúcar morena
- Azúcar en polvo
- Azúcar vainilla
- Vainillina
- Caña de azúcar
- Levadura en polvo

- Pininfarina
- Polvo de cacao
- Melaza
- Pimienta negra
- Pimentón
- Perejil
- Eneldo
- Espinacas
- Ajo
- Limón
- Cardamomo
- Romero
- Nuez moscada
- Canela
- Kvas seco
- Comino
- Mostaza seca

- Mostaza granulada
- Cúrcuma

Frutas vegetales

- Manzana
- Hongos
- Tomates cherry
- Pimiento morrón
- Cebolla
- Zanahorias
- Remolacha
- Calabacín
- Repollo
- Papa
- Plátanos
- Naranja
- Mandarín
- Piña

- Durazno
- Albaricoque
- Fresa

Dulces

- Chocolate
- Chocolate negro
- Dátiles
- Higos
- Levantamientos
- Miel
- Ciruelas pasas
- Cóctel de cereza
- Mantequilla de maní
- Mazapán
- Frutas escarchadas
- Cereza seca
- Albaricoque seco

- Arándano seco
- Piña seca
- Jarabe de bayas

Conclusión

Gracias por llegar hasta el final. El pan se considera la necesidad básica para sobrevivir en la vida. Todos consumen el pan según sus propias elecciones y preferencias. También se observa que se prefiere el pan a cualquier otro alimento. También se producen variaciones en la elaboración del pan de un país a otro. Los ingredientes clave para hacer pan son harina, levadura, aceite, agua, sal, azúcar, leche y huevos.

Además, cada uno de ellos confiere características diferentes y únicas al pan. Incluso la cantidad de estos ingredientes críticos puede afectar principalmente al producto final. Durante los últimos años, los avances en la tecnología facilitan las tareas del hogar, lo que hace que el trabajo en la cocina sea más cómodo de manejar. Una de esas innovaciones es la de una máquina de pan.

Una panificadora o máquina de pan es un aparato para hacer pan casero. El pan también se ha consumido con todo tipo de alimentos, por lo que es imprescindible en todas las comidas, ya sea el desayuno, el almuerzo o la cena. Si bien los resultados de horneado pueden variar considerablemente de una máquina de pan a otra, el sabor del pan horneado en un dispositivo es opuesto al del pan horneado en el horno, incluso si se usa la misma receta. Además, el pan para hacer pan tiene una consistencia más densa que liviana y aireada.

Las máquinas de pan se están volviendo populares día a día debido a su nivel de comodidad de uso. Teniendo en cuenta la conveniencia de utilizar máquinas de pan, se sugiere que sean fáciles de usar, lo que significa que se puede manejar con gran facilidad. También te brinda al usuario la oportunidad de experimentar y explorar diferentes ingredientes y tipos de pan en la comodidad de tu hogar. Proporciona al consumidor pan recién horneado siempre que lo necesite.

Si bien a la gente le encanta el pan casero, a algunas personas no les gusta la suavidad del pan horneado en un dispositivo y, a menudo, ignoran la conveniencia de una panificadora para producir pan. La máquina hace todo el trabajo de amasado en el sistema de masa, lo que le ayuda a pasar por los ciclos iniciales de levantamiento y reposo.

Prepara y terminar un pan en una máquina de pan produce mejores resultados en menos tiempo que mezclarlo a mano. Cuando se complete el ciclo de masa, la crea por segunda vez y deja que suba. Hornea como desees en el horno. Puedes concentrar tu atención en ciertas actividades del hogar o las comidas cuando la masa está en proceso usando una máquina de pan. Y te ayuda a realizar múltiples tareas en cierto sentido.

Una máquina de pan tiene muchos beneficios sobre el horneado de pan convencional y la compra de panes pre envasados en una tienda. A veces, esto es más económico. Las máquinas son muy fáciles de usar. Debes ser preciso con las proporciones. Sin una máquina para hacer pan, sin duda puede hacer pan tradicional, pero esta máquina puede ser conveniente para limpiar y preparar. Si horneas con regularidad, entonces comprar una máquina de pan tiene mucho sentido. El dispositivo puede hacer que mezclar y amasar la masa sea simple para ti.

Además, las celebraciones, ocasiones y otras festividades están incompletas sin el pan. Se agregan una variedad de ingredientes según la experiencia y la temporada. Algunos problemas con las máquinas de pan son problemas de forma en los que el producto final es asimétrico y no es lo suficientemente esponjoso y esponjoso. Los temas con la textura incluyen que el pan es más denso, tiene muchos agujeros y no está completamente horneado en un tiempo determinado. El manejo cuidadoso de la medición de los ingredientes y el seguimiento del orden propuesto para los mismos pueden reducir las posibilidades de obtener una barra de pan defectuosa. **También económico**.

CPSIA information can be obtained
at www.ICGtesting.com
Printed in the USA
LVHW081757200621
690716LV00002B/193

9 781914 144813